The Ugly Duckling
El Patito Feo

Retold by Anne Walter & Patricia Dillana-Kendal

Illustrated by Sarah Horne

FRANKLIN WATTS

LONDON • SYDNEY

Franklin Watts
First published in Great Britain in 2017
by The Watts Publishing Group

ISBN 978 1 4451 5828 0

Series Editor: Melanie Palmer
Series Designer: Lisa Peacock
Translator: Patricia Dillana-Kendall
Language Advisor: Lola Culsán

Printed in China

Franklin Watts
An imprint of
Hachette Children's Group
Part of The Watts Publishing Group
Carmelite House
50 Victoria Embankment
London EC4Y 0DZ

An Hachette UK Company
www.hachette.co.uk

www.franklinwatts.co.uk

FSC
www.fsc.org
MIX
Paper from
responsible sources
FSC® C104740

Once upon a time, Mother Duck sat waiting for her eggs to hatch.

Hace mucho tiempo, Mamá Pato estaba sentada esperando a que se abrieran sus huevos.

The eggs soon hatched and tiny, fluffy ducklings came peeping out of the shells.

Poco después, los huevos se abrieron y pequeños y suaves patitos salieron piando de los cascarones.

But the biggest egg still would not hatch.
"Hurry up!" quacked Mother Duck, tapping the shell.

Pero el más grande de los huevos todavía no se abría.
—¡Date prisa! —graznó Mamá Pato, golpeando
el cascarón.

At last, the biggest egg hatched. Out came a very large, very ugly duckling.

Por fin, se abrió el huevo más grande. Salió un patito muy grande y muy feo.

"Oh!" said Mother Duck in surprise. "Never mind. Now ducklings, it's time to swim!"

—¡Vaya! —dijo Mamá Pato sorprendida—. ¡Bueno, no pasa nada! ¡Ahora, patitos, es hora de nadar!

Mother Duck took her ducklings to the pond.
They all dived in and the large, ugly duckling
was the best swimmer of all.

Mamá Pato llevó a sus patitos
al estanque. Todos se tiraron al agua
y el pato grande y feo era el
mejor nadador de todos.

But because he was so ugly, all the other birds laughed at him.

Pero porque era tan feo, todas las otras aves se rieron de él.

"You are too ugly to stay on this farm!"
quacked one nasty duck.
"Leave him alone. He can swim better than
any of you!" said Mother Duck.

—¡Eres demasiado feo para quedarte en esta
granja! —graznó un pato malvado.
—¡Déjalo en paz! ¡Puede nadar mejor que
todos vosotros! —dijo Mamá Pato.

10

But the other ducks quacked and pecked at the poor duckling. He ran away as fast as he could.

Pero los otros patos graznaron y picaron al pobre patito. Él salió corriendo todo lo rápido que pudo.

The ugly duckling ran all the way to a marsh. There he met some geese. "What kind of bird are you?" they laughed.

El patito feo corrió todo el camino hasta una laguna. Allí se encontró con algunos gansos.
—¿Qué tipo de ave eres? —preguntaron riéndose.

The ugly duckling was sad.
"Will everybody think I'm ugly?" he wondered.

El patito feo estaba triste.
—¿Pensará todo el mundo que soy feo? —se preguntó.

The ugly duckling ran away again until he found a tiny cottage. He was so tired that he lay down to rest.

El patito feo salió corriendo otra vez hasta que encontró una casita pequeña. Estaba tan cansado que se echó a descansar.

Next morning, he was woken
up by a clucking hen.
"Can you lay eggs?" she asked.

La mañana siguiente, le despertó
una gallina cacareando.
—¿Puedes poner huevos?
—preguntó.

"No," said the ugly duckling.

"Then there is no home for you here. Go away!"
clucked the hen.

—No —dijo el patito feo.

—Entonces, aquí no hay sitio para ti.

¡Véte! —cacareó la gallina.

The ugly duckling ran until he found a quiet riverbank to hide in. One day, as he hid there, he looked up in the sky.

El patito feo corrió hasta que encontró una tranquila orilla de río donde esconderse. Un día, mientras se escondía allí, miró arriba al cielo.

He saw three beautiful white birds flying above him.
"I wish I were like them," he thought. "Then nobody would
call me ugly."

Vio tres preciosas aves blancas volando encima de él.
—Ojalá fuera como ellas, —pensó—. Entonces nadie
me llamaría feo.

Soon, autumn came and the leaves fell from the trees.

Poco después, llegó el otoño y las hojas se cayeron de los árboles.

Then winter came. The snow fell and the river iced over.
The ugly duckling was cold, hungry and very lonely.

Luego, llegó el invierno. La nieve cayó y el río se
congeló. El patito feo tenía frío, hambre y estaba
muy solo.

By the time spring arrived, the ugly duckling was so lonely that he swam up the river to a pond.

Cuando llegó la primavera, el patito
feo estaba tan solo que nadó
río arriba hasta un estanque.

On the pond were three
beautiful white birds.

En el estanque había tres
hermosas aves blancas.

"I'm going to say hello to those birds!" thought the ugly duckling, bravely. "Even if they just tell me to go away."

—¡Voy a saludar a esas aves!
—pensó valientemente el patito feo—. Incluso si me dicen que me vaya.

He took a deep breath, looked down …

Respiró profundamente, miró hacia abajo…

... and saw his reflection.
"Is that me?" he gasped. He was a beautiful white bird, too!

...y vio su reflejo en el agua.
—¿Ese soy yo? —dijo asombrado. ¡Él era una hermosa
ave blanca también!

"What a beautiful swan you are!" said the three white birds. "Why don't you stay with us?"

—¡Qué cisne tan precioso eres! —dijeron las tres aves blancas—. ¿Por qué no te quedas con nosotros?

"I'm really a swan!" said the ugly duckling, happily.
And he was never called ugly again.

—¡En realidad soy un cisne! —dijo contento el
patito feo. Y nadie le llamó
feo nunca más.

29

Put these pictures in the correct order. Which event do you think is most important? Now try writing the story in your own words!

Pon estas imágenes en el orden correcto. ¿Qué evento crees que es más importante? Ahora trata de escribir la historia en tus propias palabras!

Puzzle 2 / el acertijo 2

1. I wish I had a friend.

   Ojalá tuviera un amigo.

2. Where is my duckling?

   ¿Dónde esta mi patito?

3. Be brave!

   ¡Ser valiente!

4. Are there any other birds like me?

   ¿Hay algunas otras aves como yo?

Choose the correct speech bubbles for each character. Can you think of any others? Turn over for the answers.

Elija las burbujas de voz correctas para cada personaje. ¿Puedes pensar en otros? Vuelve la pagina para las respuestas.

Answers / Respuestas

Puzzle / el acertijo 1

1f, 2e, 3a, 4c, 5d, 6b.

Puzzle / el acertijo 2

Ugly Duckling / Patito Feo: 1, 4

Mother Duck/ Madre Pato: 2, 3

Look out for more Dual Language Readers:

Goldilocks and the **Three Bears**
Boucles D'or et les Trois Ours

978 14451 5834 1

Little Red **Riding Hood**
Le Petit Chaperon Rouge

978 14451 5765 8

Sleeping Beauty
La Belle au Bois Dormant

978 14451 5830 3

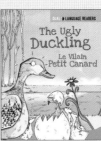

The Ugly **Duckling**
Le Vilain Petit Canard

978 14451 5826 6

Goldilocks and the **Three Bears**
Ricitos de Oro y Los Tres Osos

978 14451 5836 5

Little Red **Riding Hood**
Caperucita Roja

978 14451 5824 2

Sleeping Beauty
La Bella Durmiente

978 14451 5832 7

The Ugly **Duckling**
El Patito Feo

978 14451 5828 0

For more books go to:
www.franklinwatts.co.uk